여수, 섬에 물들다

여수, 섬에 물들다

갈무리문학회

시인동네

슈퍼가 열리면 바다를 통째로 사고파는 사람들
바닥을 딛고 더 깊은 바다로 출항한다
—우동식 「바다슈퍼」 중에서

사람들은 바다로 나가 별이 되고 섬으로 돌아와서 꽃이 된다
―박혜연 「금오도 사람들」 중에서

쑥향 같기도 하고
삐비풀 봄 비린내 풍기던 그 맛
─이생용 「개도의 봄」 중에서

안도라는 숫처녀 같은 봄날의 비밀문서 그 섬.
—송정현 「안도」 중에서

천년의 바다 건너야 하는,
그녀 발목 잡았던 필생의 한 틈에서 니 오래 울었네
―최향란 「금오도 사랑」 중에서

쉽게 오지 마라 아무나 오지 마라
벼랑 끝 내몰리던 간절함으로 오라
—임호상 「금오도」 중에서

수평선 팽팽한 바다 위로
봄의 페달을 힘껏 밟아 봅니다
　　김수자 「기러기 우체국」 중에서

| 발간사 |

섬, 살아 숨 쉬는 삶터요 쉼터다

여수는 바다다. 나비형 여수반도는 팔면이 바다다. 해안선 길이가 905.87km이며 그 해안선을 따라 아름다운 항·포구로 형성되어 있다.

해안을 감싸고 있는 광양만과 가막만 그리고 여자만이 호수처럼 들어앉아 있다. 유리를 깔아놓은 듯한 맑고 잔잔한 여수의 바다는 마치 어머니 자궁처럼 따뜻하고 평온하며 그 안에서 온갖 생명들이 자라기에 충분하다.

보고서에 따르면, 여수에는 보석 같은 365개의 아름다운 섬의 뿌리들이 바다와 바다를 연결하고 있다. 바다에는 징검다리 같은 섬들이 있고 그 섬들도 바다를 닮아서, 어머니 자궁으로부터 출몰한 것이어서, 그다지 높지 않고 그리 크지도 않아 고만고만하게 아기자기 정겹다. 섬의 규모가 조금

크다 싶으면 아니나 다를까 항·포구를 중심으로 움푹 파인 곳에 어촌 촌락을 형성하고 삶의 터전을 일구는 것이다.

갈무리문학회는 여수 바다에 존재하는 365개의 섬 중 사람이 사는 유인도를 모두 문학기행한 후 섬 사람들의 삶과 문화를 시로써 표현하기로 하였다. 회원 10명은 2013년 3월부터 2016년 10월까지 3년 6개월 넘게 한 달에 한 번씩 섬을 찾았고, 마을을 이루고 사는 23개의 섬에 대하여 100여 편의 시를 창작하였다. 그중 78편을 이번 시집에 실었다.

시의 질적 향상을 위하여 매번 기행 후 '갈무리문학회 섬 기행 백일장'을 열어 동기 유발을 지속시켰다. 회원 모두는 기행 후 '섬은 살아 숨 쉬는 쉼터요 삶의 치열한 현장'임을 글로써 기록하였다. 이 아름다운 가을날 우리는 이제 그 결실을 맺고자 '섬 시집'을 낸다. 여수 섬에 대한 유일무이한 첫 시집이 될 것임에 한편 부끄럽기도 하지만 한없이 자랑스럽기도 하다.

머지않아 고흥에서－적금도－낭도－둔병도－조발도－화양면으로, 화양면 백야도에서－제도－개도－월호도－화태도－돌산 군내리로 연도교가 건설될 것이다. 그때는 섬의 고유문화가 더욱 빠르게 도시 물결과 물질문화로 변해갈 것이다. 원시적 섬의 원형을 담은 이 시집은 그래서 더욱 귀하게 생각된다.

여수의 섬들에 출사出寫하여 찍은 아름답고 귀한 박근세 사진작가의 작품을 함께 이미지로 넣는다. 이 시집이 30만 여수 시민과 1,300만 여수 관광객들과 함께하기를 기대한다. 시집을 낼 수 있도록 후원해준 여수시에 감사드린다.

갈무리문학회

발간사

차례

제1부 섬에 눈뜨다

금오도────

4월, 금오도 / **송정현** · 24
금오도 사람들 / **박혜연** · 26
금오도 사랑 / **최향란** · 27
금오도 / **임호상** · 28
나에게 가는 길 / **우동식** · 29

나발도────

섬의 내력 / **우동식** · 30

대두라도────

대두라도 후박나무의 독백 / **박혜연** · 32
거센 바람 불었다 / **황영선** · 34

안도────

느릅나무, 306 병동 / **이생용** · 35
안도 / **송정현** · 36
기러기 우체국 / **김수자** · 38

연도 ────

바닷가 빈 의자 / **황영선** · 40

개도 ────

그 여자의 섬 / **최향란** · 41

봄, 섬으로 가는 길 / **송정현** · 42

개도에서 호모에렉투스를 기억하다 / **박혜연** · 44

개도의 봄 / **이생용** · 46

초봄, 꿈꾸다 / **박해미** · 48

제2부 섬에 잠기다

낭도 ────

낭도에서 / **박혜연** · 50

낭도초등학교 / **하병연** · 52

여자를 펼치다 / **송정현** · 54

둔병도 ────

둔병도屯兵島 홍매화 / **우동식** · 55

둔병도 / **박혜연** · 56

사도 ────

사도沙島 / **이생용** · 58

바위꽃 / **김수자** · 59
섬 / **임호상** · 60

화태도 ─

화태도 / **송정현** · 61
겨울과 봄 사이 / **최향란** · 62
섬 / **임호상** · 63
화태도에 가서 / **하병연** · 64
못된 습성 / **우동식** · 66

횡간도 ─

횡간도 느티나무 아래 / **송정현** · 67
후박나무 아래 허공 / **최향란** · 68
횡간도 / **임호상** · 69
횡간도 후박나무를 바라보다 / **하병연** · 70
겨울 초록 / **김수자** · 71
바닷가 경자 씨 / **박해미** · 72

제3부 섬에 물들다

소리도 ─

해녀민텔 / **송정현** · 90
소리도 해국海菊 / **이생용** · 91

소리도 동백 / **최향란** · 92

소리도 억새를 노래하다 / **황영선** · 94

소리도 블루스 / **김수자** · 95

섬, 꽃소식 / **우동식** · 96

거북손 / **하병연** · 98

여자도 ———

여자만 여자도 / **송정현** · 100

이별하는 섬 / **최향란** · 101

렙토세팔루스icptocepalus / **이생용** · 102

파도 / **황영선** · 104

여자만灣 / **이생용** · 105

여자도汝自島 / **하병연** · 106

팽나무 큰 어른 / **우동식** · 108

여자도汝自島 / **김수자** · 110

월호도 ———

월호도 / **황영선** · 111

월호도 달빛 스캔들 / **우동식** · 112

적금도 ———

적금도 / **박혜연** · 114

적금도에 시도 때도 없이 봄이 드는 이유 / **황영선** · 116

적금도 수채화 / **최향란** · 118

적금도 바다슈퍼 / **김수자** · 119

제4부 섬이 되다

조발도

조발도 / **박혜연** · 124

바다슈퍼 / **우동식** · 126

하화도

꽃의 이름으로 / **박해미** · 128

꽃섬 / **송정현** · 129

꽃섬, 꿈꾸다 / **이생용** · 130

내 안의 꽃 / **황영선** · 132

하화도 / **임호상** · 133

꽃섬, 봄을 편집하다 / **김수자** · 134

거문도

거문리서巨文理書 / **임호상** · 136

초도

벽을 허문다 / **우동식** · 138

경도

경도 / **박혜연** · 140

고래는 어디로 갔나 / **이생용** · 142

경도 소묘 / **김수자** · 144

돌산도

석류나무 사원 / **우동식** · 145

섬 가는 길 / **송정현** · 146

돌산 갓에 관한 사유 / **하병연** · 148

오동도

울음꽃 / **최향란** · 149

오동도 / **임호상** · 150

바다 꽃섬, 그녀 / **황영선** · 151

오동도 등대 / **우동식** · 152

동백꽃 / **박해미** · 153

제1부
섬에 눈뜨다

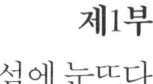

금오도
나발도
대두라도
안도
연도
개도

4월, 금오도

송정현

햇살을 빌려 공복을 채우는 중이다
겨우내 삭막했던 몸
여기, 저기
발그레하게 달아오르는데
선분홍 매화는 탱글탱글 물이 오른 젖꼭지인데
다래, 쑥, 냉이도 고물고물 몸통 늘리기에 바쁜데
미역널방 해안절벽은 깊이만큼 바다를 품고
바다는 햇살의 입술을 찍고 간지러운 듯
은빛 미소를 찰랑거리는데
소라 업은 꽃게가 두포마을 해안 길을 나서는데
노송 한 그루 지붕을 드리워주는데
직포 가는 길이 아지랑이로 몸살을 앓고 있는데
그 안에 있는 나도 어느 한 부분인 양 나른한데
휘청,
순간의 아찔함은 비렁길에 들어 더 깊어지는데
열에 들떠 몽롱한 수면 위로
숭어 한 마리 펄쩍 튀어 오르는데

젠장
제대로 열병 앓고 있다

금오도 사람들

박혜연

　거북등을 타고 바다로 나가는 사람들을 나는 알고 있다 뭍에 살던 큰 거북 한 마리 처음 바다로 나가던 그날, 처음 붉은 해를 만나던 그날, 그대로 섬이 되어버린 곳 해를 보기 위해 찾아온 사람들은 모르지만 거북등을 타고 사는 사람들은 거북이 살아있다는 것을 안다 해가 뜰 때마다 떠오르고 달이 질 때마다 가라앉는 따뜻한 거북등을 타고, 사람들은 바다로 나가 별이 되고 섬으로 돌아와서 꽃이 된다 먼 곳에서 노한 바다가 찾아올 때마다 논과 밭 모두 그 바다에 공양하고도 두 손 공손히 모으고 바다에 절하고 바다를 경배하며 거북등을 타고 사는 사람들 바다가 만드는 붉은 첫 문장부터 바다가 만드는 어둔 마지막 문장까지 거북과 함께 읽으며 살기에 거북처럼 바다에 떠서 잠드는 그 사람들을 나는 알고 있다

금오도 사랑

최향란

직포리 가는 길 그녀 베틀에 앉았어라
한 벌 옷감 다 짤 때까지 옥황상제여 기다려주오

옥녀봉 바위로 다시랑 바위로
천 년의 바다 건너야 하는
우학리 산 1번지에 뿌려진 오랜 신의 형벌

감국화 꺾어 찬골 내려오는데
내 손에서 다시 피는 찢겨진 황금비단 한 자락
감히 그냥 볼 수 없는 용기로 뭉친 치맛자락

그녀 발목 잡았던 필생의 한 틈에서 나 오래 울었네

무릎 꿇어 치맛자락 거침없이 벗어 바치나니
옥황상제여 이제 그만 하늘 길 열어주오

금오도

임호상

오지 마라
이곳은 왕의 나라, 황후의 섬
아무나 오지 마라
당신이 선 이 땅, 이 바다
풀 한 포기 바람 한 줌까지
모두 봉황이 지켜온 것이니
쉽게 오지 마라 아무나 오지 마라
벼랑 끝 내몰리던 간절함으로 오라
비렁길 걷는 어디에도
경건하지 않은 곳 있으랴
여수에 올 때는
금오도에 올 때는
그대,
아름다운 섬이 되어 오라

나에게 가는 길
—비렁길을 다녀와서

우동식

결국
길이 닿는 곳이었다
사람들은 길을 찾지만
길은 사람에게로 나 있다
한 번도 닿지 못한
너에게로 가는 길
거품같이 사라지는 바닷길도 있고
풍장風葬 속으로 사라지는 바람 길도 있다
신선대 절벽 위
벼랑길 하나 내려가면
그대에게 닿을 것만 같은데
길이 끝났다고
이내 돌아서는 곁으로 다시 길이 보인다
외딴 섬에도 길은 있고
섬과 섬 사이에도 길이 있다
지구의 한 점 모퉁이에서
일생을 걸어 나에게로 가는 중
모든 길은 시방 너에게로 통通한다.

섬의 내력

우동식

바다의 중심을 잡는 섬의 뼈들을 에돌아 온
포구는 뱃길 닿는 자궁이다
섬 머슴 어선들의 우묵한 눈동자다
그리움을 조타操舵 해온 당산 팽나무의 넉넉함이
암각화로 앉은 노인네를 닮았다
처마 밑까지 쌓아올린 돌담
그 사이로 배회하는 바람
마당이 대문인 집을 나서면
유선乳腺처럼 골목길이 모여드는 우물이다
햇살을 널어 말리는 크고 작은 밭뙈기들
마을 앞 공터에 그물망 깁는 모습
그 한쪽 곁에 방치된 어구들
밀려왔다 밀려가는 단조로운 해조음海潮音
모두 섬의 수족들이다
섬이 섬을 낳는 풍경들은 섬사람을 닮았다
물이 빠지면 앞서거니 뒤서거니
물의 띠를 두르고 갯것하는 사람들
그을린 얼굴에 짭조름한 바닷물이 흐르고

박제된 분교 운동장에는 민들레가 줄지어 조회를 한다
사방이 모두 안이고 사방이 모두 밖인
섬에서부터 출발하는 모든 길은
바람이 만드는 파도의 발자국들이다
돌아돌아 결국 섬으로 돌아온다
대두라도를 거쳐 나발도 횡간도* 그 어디라도
섬은,
한 뿌리 한 줄기로 엮인 한 두릅의 건어乾魚다
바다가 낳고 바람이 키운
물기 파닥이는 한 문장의 가족사다

*대두라도, 나발도, 횡간도: 여수 돌산도 남쪽 바다의 금오열도에 속한 섬들.

대두라도 후박나무의 독백

박혜연

이곳에서 내가 할 수 있는 일이라는 게
수만 개 팔을 벌려 너를 위로하는 일

오늘, 내 품에 안겨오는 작은 새
어깨를 떨고 있다
많은 말 하지 않아도 네가 건너왔을
거친 하늘 길 보인다
황사바람 가득한 사막을 뚫고 온 너
마침내 여기 앉아 마른기침 쏟아낸다
이곳 푸른 옷의 자리로 건너올 동안
아마도 어딘가에 너와 닮은 눈동자도
중원을 가르는 바람 속에서 단단해졌으리니
내가 너에게 줄 수 있는 건
얼기설기 엮은 품 하나
우리는 태어나면서부터 그리움을 안은 존재
허공 중의 너는 얼마나 사무쳤을까
떨리는 네 몸이 너의 역사를 말해주고 있다
나는 가장 부드러운 팔을 뻗어

너의 어깨를 감싼다
그리고 대두라도 반듯한 돌담처럼
너에게 촘촘히 그늘 펼치니

이곳에서 내가 할 수 있는 마지막 일이란
수만 개 팔을 벌려 너를 안아주는 일

거센 바람 불었다

황영선

열려 있는 물길 위를 제각기 섬 하나씩 들고 걷는다
누구는 비린내를 품고
누구는 젖어버린 바다를 들고
또 누구는 발기발기 찢긴 섬 한 켠을 붙들고
온 세상을 앓은 듯 툭툭 불거진 뼈마디
당장 위독한 그 바닷가 그 모래 위에 들것에 실리지 못한
비명들이 통로를 찾지 못해 질서 없이 나뒹굴고 있다
근처 떠들썩했던 희망들도 순간에 흔들려 자취를 감추고
벌써 잡풀만 무성하다
지켜졌을 때 평온했던 그 바다
한바탕 악몽을 꾸고 나서야 비로소 잔잔하다
참 쏩쓸하게도 동백 잎만 잘강잘강 씹으며 깊은 적막을 지나쳐
안 본 듯 또 다른 섬을 품는다
미처 꽃피우지 못한 길가의 민들레 속잎마저 져내리니
쏨득쏨득 가슴 에린다

느릅나무, 306 병동

이생용

안도安島* 상산 언덕길에서 만났다
산비탈 위태롭게 나와 앉은 그녀
나도 그녀를 아프게 한 적 있다
주사바늘 꽂은 자리 파랗게 피어나던 멍꽃
소맷자락 끌어 덮으며
괜찮다 하던 눈빛 위태로워 보였다
봄 와도 새 잎 나지 않는 나무
뿌리가 잘리고 껍질 벗겨져
하얗게 말라 가고 있다
괜찮을 거야, 괜찮을 거야
곁을 지키고 있던 동백
붉은 눈물 뚝뚝 떨구는데
저만치 봄 속으로 걸어 들어가는
마른 몸의 그녀를 본다

---

*여수시 남면에 있는 섬.

안도*

송정현

바깥은 비밀이 될 수 없다

일부러 캔 건 아니다
그저 바다가 그리워
바람이 등을 떠밀어
한나절을 철벙거리고 싶은 사월의 햇살이 따가워
허공에 던져진 목련의 유서를 찾아서

손만 대도 철철 하혈하는 보리수며
겁도 없이 지천으로 생명 흩뿌린 산딸기 꽃이며
벌건 피멍으로 끙끙 앓는 동백나무 아래 길이며

안도라는
숫처녀 같은 봄날의 비밀문서
그 섬,

누설하지 않은 현장을 덮치는 순간이라니
발설하지 않은 문장을 받아 적는 순간이라니

쉿!!

---
*금오도 안쪽 마을.

기러기 우체국

김수자

뱀처럼 아가리를 벌리고 달려드는
시간의 모가지를 비틀어 껍질을 벗겨라!

사월의 문을 열면
그대에게 가는 길이 있을 거라 믿었습니다
봄날의 바다는 잔잔했습니다
포구가 보이는 우체국
야생화가 피어 있는 계단에 앉아 편지를 씁니다
붉게 익은 보리수 열매 한 알을 입에 넣고
햇살을 받아 빛이 나는 잎새들 같은
새콤달콤한 그리움에 관하여 말하고 싶었습니다
뚝뚝 떨어져 뒹구는 붉은 동백꽃길에서는
문득 오래된 그날이 생각났습니다
생목숨 뚝뚝 떨어지던 선착장,
꽃송이가 모두 짓이겨질 때까지 이어졌던 군홧발 소리,
아직도 산발을 날리며 튀어 오르는 물소리들과 더불어
이야포 해변의 몽돌 이야기는
남아 있는 사람들의 슬픔으로 뒹굴고 있었습니다

피 비린, 그날을 바다에 묻고 사는 기러기섬에도
어김없이 봄이 옵니다
안도 산길에서 이사 온 하얀 민들레도 꽃을 피웠습니다
스무이레 만입니다
뿌리 잘린 아픔에 다시는 피어나지 못할까 걱정했는데
밤사이 꽃봉오리가 맺고
아침 햇살 아래 기어코 피어났군요
당신의 꽃잎들도 깃털처럼 가벼워졌으면 좋겠습니다
지나온 시간만큼 당신의 고통이 줄어들기를 고대합니다

기러기 우체국에 다녀오는 길,
오늘도 여전히 수취인 거부로 돌아올 꽃소식 한 아름
거기에 놓고
수평선 팽팽한 바다 위로 봄의 페달을 힘껏 밟아봅니다

바닷가 빈 의자

황영선

바다가 실컷 울어 허리께로 젖어든다
기다림이 길어서 거짓말 같은 세월이
안도, 바다 한 켠에 얌전히 모셔져 있다
아무도 간섭하지 않은 날들 무수히 날아들어
출렁이는 바다 위로 털썩 앉는다
외롬이 등을 갉아 먹을 때까지
그 누구도 들이지 않았다
바람과 함께 삭아 있을 네 무릎의 안위
영역을 침범하기엔 나 또한 너무 낡아 초라하다
절반만큼이라도 얹혀질 수 있다면
퍽 다행한 일,
어느 별만큼 더 외롭고 나야 서로의 필요를 알 것인가
사람과 사람이 웅성여도 기다림은 늘 텅 빈 바깥
정작 들일 수 있는 것은 별이 아니고
저물어 슬픈 저 빈 구석이다

그 여자의 섬
―개도

최향란

그 여자 분주하다
일곱 딸 거둬 먹인 젖가슴 흔들어대며
―요고요고 인자 나온 햇것을 나가 똑, 똑, 따서 조물조물, 아침에 그랬당게
머위 새잎 쓰디쓴 내음
이게 바로 개도의 봄

자연산 회 시켰더니
커다란 파전, 통통한 홍합무침, 묵은지, 양푼째 맡긴 머위 어린 잎
덤으로 술술 나오는 그 여자 인생 한 접시

낯선 섬에서의 낮술
날것이 이렇게 혀끝 달게 하다니
바닥이란 말은 애초에 술잔에만 있었던가
빈 술병 즐겁게 늘어나고
―자연산은 역시 맑은지리탕이지. 한번 잡서봐
양은냄비 안 뜨거운 섬 한 쪽

봄, 섬으로 가는 길

송정현

개도로 가는 배표가 매진이다
섬으로 가는 길이 막혔다
일에 막히고 관계에 막히고
사방천지 막힌 일상이 섬을 찾았다
섬을 막고 있는 바다가
바다를 걷는 인파로 등이 휜다
모진 겨울 견딘 남쪽 섬에
첫 봄이 당도했다는 소식에
차가운 바닥에 등이 휘도록 누웠던
섬 같은 몸을 일으켰는데
그것도 모르고
무심한 배는
섬을 버려두고 섬으로 간다
혹시
바다를 뚫고 가는 저 수많은 발들도
일자리가 풀리지 않아서
어긋한 관계가 풀리지 않아서
땔감처럼 겨울을 풀러왔을까

새삼
견고한 물살 가르는 저 하얀 발자국,
봄으로 가는 길이 시원하게 열린다

개도에서 호모에렉투스를 기억하다

박혜연

부싯돌을 가져와
지금이 최적의 조건이야
맑게 내리치는 햇살
투명하게 휘는 바람
한 번만 부딪쳐도 저 들판으로
확— 번져 나갈 거야
우리 몸 안 불의 덩어리
저 개도 들판으로 튀어나갈 거야

어서, 나무에서 내려와
부지런히 손을 쓰고
곧게 허리를 펴
정교한 손놀림으로 이 돌멩이를 쳐서
저 들판을 건너뛰는 거야

우리는 처음으로 서로의 몸에
글자를 새겨 넣은 사람들
몸에 각인된 이름을 부르면서

들판을 뛰고 장수만을 건너
날마다 우리가 경배를 올리는
달의 나라까지

들판 위 순한 영혼들
오늘, 내리치는 봄의 부싯돌 속에서
번쩍 살아나고 있어
살아난 그들 불의 손이

아, 아
주먹도끼처럼 단단한 저 햇살과 바람 속에
쾅쾅, 우리를 새겨 넣고 있어

개도의 봄

이생용

비좁은 유리벽 안
손을 내밀지 않아도 입술 포개지 않아도
매끄러운 몸들 부딪치는 아주 좁은 방
흰 콧수염 사내는
성기性器를 하늘로 쳐들고 거친 호흡하고 있다
손님 몇 명 들이닥치자
주인 여자 물이 좋다며 흥정을 한다

저~기 콧수염 사내 말고
매끈거리고 물 좋은 것으로요

누구든 그 여자 손에 끌려 나가면 돌아오지 못했다
옷 다 벗겨진 채
무지갯빛 감도는 하얀 속살의 달콤한 키스
욕구 채우고 문을 나서자
다정하게 내미는 명함 한 장
개도蓋島* 갯마을 횟집, 자연산自然産 전문

쑥향 같기도 하고
삐비풀 봄 비린내 풍기던 그 맛

나는 스와핑을 꿈꾼다.

＊여수 화정면에 있는 아름다운 섬, 개도 막걸리가 유명하다.

초봄, 꿈꾸다

박해미

향긋한 자정 무렵 살을 씻는다
깜깜한 밤처럼 잡히지 않는 날들 사이에서
비상을 꿈꾸는 시간을 얻었다
파닥이는 날개가 젖은 줄도 눈치채지 못하고
머리부터 바닥으로 곤두박질쳐 떨어진다
가엾다 가엾다 여겼던 많은 날들이 건망증에 섞여
살뜨물처럼 개수대 구멍 속으로 흘러간다
하루치의 시간이 지느러미 흔들며 따라 들어간다
선잠 깨어 멀건이 나를 올려다보는 구멍
순간 눈이 마주치고 산에서 내려온 초봄과 겹쳐
어둠은 연두색 새싹을 닮았다
씻을수록 맑아지는 쌀
그 길 따라 흘러가다 보면
한 톨의 떡잎 같은 봄 만날 수 있겠다

제2부
섬에 잠기다

낭도
둔병도
사도
화태도
횡간도

낭도에서

박혜연

가슴 안에서 무언가 덜컥,
내려앉은 날이면
불쑥 어머니의 부엌이 떠오릅니다
식구들 생일이나 입학식 혹은 이삿날
어머니는 항상
부엌 바닥에 상을 차려놓고
두 손을 모았습니다
하얀 쌀밥이 고봉으로 올려지고
시루째 얹힌 팥떡
그리고 맑은 국과 나물
공손히 앉은 어머니는
하염없이 두 손을 비비며
우리는 알아들을 수 없는
기도의 말을 올렸습니다
낮은 웅얼거림
닳도록 비벼대던 두 손
식구들의 일용할 양식이 만들어지던 그곳에서
우리들 영혼의 양식도 함께 만들어졌던 것을 어느 날에야

덜컥,

낭도의 낮은 돌담을 도는데
마당을 가로질러 저만치 아직도 부뚜막 부엌이 보이는데
어둔 부엌 안으로 허리 구부린 아낙의 바지런한 손길이 보이는데

낮은 기도 소리가 자장가처럼 들리고
하염없이 비벼대던 두 손이 졸던 나를 안아 올리던
그 부엌이 덜컥,
오늘 내 안에 들어와 뜨거운 불을 지피는 겁니다

낭도초등학교

하병연

아이들이 학교를 떠나자 풀들이 들어왔어요
처음에는 양지꽃이 철봉 밑에 쭈빗쭈빗 들어오더니
제비꽃도 덩달아 흰 돌담 밑에 자리 잡았어요
그다음에는 여뀌, 갓, 바랭이, 소리쟁이, 억새들이 무더기로 들어오자
전교생이 헤아릴 수 없게 되었네요
학교 교장 선생님은 게으른 고라니,
무언가 가르치기보다는 학생들과 해종일 바다만 바라보아요
제대로 바라만보아도 배울 게 많다고 하네요
애달픈 독서의 여인은 홀로 책을 읽어요
그러다가 바람 불면 하늘과 땅과 그리고 반짝이는 미래를 읽어주어요
키 작은 학생들은 신이 나서 몸 흔들어대요
그리고는 수많은 꽃을 피워 올려 수업은 열기로 가득 차요

밤 되면 운동장 옆 후박나무 밑으로 별들이 내려와요
어린 개구쟁이들이 많아 낮보다는 조금 시끄러워요
부엉이 부부 선생님도 밤새도록 부엉부엉 시끄러움을 더 보태요

바다는 반짝거리고 숭어떼는 뛰어올라요
모래 백사장 쪽으로는 별똥별들이 겁도 없이
깊은 바다 속으로 첨벙첨벙 뛰어내려요
이제서야 바다 등불이 켜지고 교실 불도 환하게 켜지네요
밤에는 무엇을 가르치고 배우는지 알 수 없지만
북두칠성은 큰 국자로 별빛 학교를 바다에서 퍼올려요
우주에서 가장 반짝거리는 학교를 하늘에다가 심어놓아요

여자를 펼치다

송정현

  백야를 출발해 여석, 모전, 하화, 상화, 사도를 걸쳐 낭도狼島에 도착했다. 단답형만 말하던 무채색 그녀, 샤갈의 그림에서 뛰쳐나온 듯 화려한 색채를 보인다. 별을 담은 눈빛으로 푸른 파도를 일게 하고 붉은 입술로 말을 건넨다. 파도에 밀려온 모래가 언덕을 이룬 곳 온통 석양빛으로 물들고 절벽엔 기다림 길었던 무늬가 물결의 세월로 새겨진다. 가끔 고래섬을 향해 헤엄치는 지느러미 감쪽같이 숨기고, 짠물이 간지럼 태우는 하루 가벼운 허밍으로 받아넘기기도 하는 치명적 유혹,
  낭도산 288미터 봉화대 연기 대신 함박눈이 소복이 내린다

둔병도屯兵島* 홍매화

우동식

꽃의 그늘에 서 있어도 믿기지 않는,
비탈진 언덕 둠벙 곁에
거무튀튀하게 말라비틀어진 오백 년 된 고사목
해풍 앞세워 겨울잠을 건넜을까
먼 길 걸어왔을 저 많은 꽃등,
어디에 품었다가 홍등의 퍼포먼스 펼칠까
바짝 엎드려 매복하였다가
기습적으로 점령한 향기와 빛깔
햇살과 대지는 또 어떤 공작을 펼쳤을까
통섭으로만 열 수 있는 꽃의 문
잠 깨어난 꽃이 목젖을 세울 때
제 몸에 불 붙여 환해지는 섬
꽃에 꽂혀, 고여 있던 시간 풀어낼 때마다
내 안에 봄이 이글거려 꽃몸살을 앓는다
봄 타는 중이다
강 건너 불구경하듯 할 수 없어
내 몸의 화원에 꽃등 켠다

* 여수시 화정면에 속하는 섬, 여수에서 남서쪽으로 28km 지점에 위치.

둔병도

박혜연

이참에 나는
연못 한가운데에 방을 하나 잡고
한 계절 들어가 살아야겠습니다
명주실 한 끝이 다 들어가도 끝이 없다는
그곳으로 들어가
어머니 자궁에서 그랬던 것처럼
내 손가락을 빨며
세상에 나가 어떤 별로 뜰까만을 생각하겠습니다
온갖 세상 풍파로부터 단단히 보호된
그 방에서
세상 풍파 속에서도 흐려지지 않는
푸른 별로 사는 생을 생각하겠습니다
아무리 생각해도 내가 태어난 이 별은
천궁에서 가장 아름다운 별
우리는 오늘도 이 초록별에 오염된 기침을 쏟아내지만
알타미라 벽화를 그렸던 손이 그랬던 것처럼
이 별을 닮기 위해,
그런 어느 날 단단한 뼈 곧추 세우고

심연에서 힘차게 솟구쳐 오르겠습니다

나 잠시 연못 한가운데로 걸어
맑게 빛날 꿈으로 들어가겠습니다

사도沙島*

이생용

구절초 꽃잎에 함박눈이 피었다
폭설이 내리는 섬은 더욱 외롭다
그런 외로움은 행운이다
공룡의 눈 앞을 가리도록 쏟아지는 함박눈
순간 섬 하나를 훔쳐서 배낭 속에 넣었다
여객선을 기다리는 조바심
사도에서 백야로 이어지는
뱃길이 참 멀다
집에 도착하여
수반 위에 모래를 깔고 바다를 채워
섬 하나를 올려놓았다

----

*여수시 화정면에 있는 섬, 공룡의 화석지로 알려짐.

바위꽃

김수자

그 꽃
바닷가 바위에 핀 그 꽃
사도에도 모사금에도 핀 그 꽃
벼랑처럼 세상을 움켜쥔 뿌리의 힘으로
눈 닿는 곳이면 달려가
그곳이 내가 있어야 할 곳이라고 터를 잡은 그 꽃
파도의 날에 할퀴고 거센 바람의 통증에도
묵묵히 연민의 꽃을 피우는 그 꽃

아름다운 관계*란 그런 것이라고
도무지 침묵할 줄 밖에 모르는 벼랑의 그 꽃

제 꽃잎을 다독다독 다독이고 있는 당신,
전생의 업이 그리도 크셨길래
주근깨투성이 꽃잎 아프게 피우셨는지
다음 생에도 바다의 물꽃으로 피어올라
마른기침 같은 꽃잎으로
오렌지 빛깔의 아침을 비쳐주고 있을 것만 같은 그 꽃

*박남순 시인의 제목.

섬

임호상

조물주가 실수로 깨트린
파편 같은 것
우연히 이곳에 박힌 거야

아니, 파도처럼 뛰는 당신의 심장에
승부수를 던진 거야
한번 허락하면
평생을 그렇게
발목 잡혀 살 줄 알면서
내 모든 걸 단단하게 다짐하고 던진 거야

화태도

송정현

겨울 끝자락에 걸린 봄이 가슴팍 흔들 때
시금치 푸른빛이 나를 불러 세웠다

이마에서부터 시작한 주름이 발목까지 펼쳐져 있어
휘어진 등이 더욱 안쓰러운 할머니 한 분
깔끔하게 손질된 시금치를 커다란 봉지에 담아 주신다
흥정할 것도 없어
바닷바람 같은 거북손에 만원 한 장 얹어 드린다
봄볕에 밀려나는 응달이 되어 눈치를 살피더니
한사코 이천 원을 돌려주시며
―도회지 사람에게 바가지나 씌우는 나 그런 사람 아니여
쨍쨍 빛나는 소리, 바람도 헉헉대는 오르막길
당신의 등처럼 휜 언덕을 위태롭게 달아나는 햇살
이천 원에 헐떡숨을 거시다니
물비늘에 반짝이는 멀어지는 화태도,

햇살 공작소

겨울과 봄 사이

최향란

　여기 화태도, 겨울과 봄 사이로 차려진 양지바른 밥상 보아요 초달에 태어난 공순 씨 손끝 지나가는 겨울과 봄 것들 꽃으로 흔들어 대고 있어요 겨울 바다에서 속살 가득 찬 감성돔 구이와 이제부터 참맛 드는 저 빛나는 참숭어 회가 겨울과 봄 사이에 있어요 새벽 일찍 잡아온 고동 간장 양념에 고춧가루 약간 고소한 참기름 한 방울 아, 그토록 그리워했던 엄마 밥처럼 그냥 양볼 가득 침 꼴깍꼴깍 넘어가지요 그런데 이게 다가 아니에요 보들보들하면서 쫀득한 해삼이랑 소라의 유혹 언 땅 뚫어 봄 향기 달고 온 달달한 방풍나물 시린 바람 끝 기나긴 겨울 있기나 했냐는 듯 혀 간질간질, 겨울과 봄이 어긋나는 걸 가지런히 정리해놓은 화태상회 공순 씨 밥상이에요

섬
―화태도

임호상

바다에 갇혀 사네
아니, 바다의 사랑 다 받고 사네
때로는 은빛 굴레에 속아
어머니처럼 누이처럼
마음 다 받아주는 여자
그냥 그렇게 묻어두고
못 이기는 척
알면서도 그냥 그렇게 사네

화태도*에 가서

하병연

봄 햇살 속에 시린 몸을 데우는 당산나무를 보고 있습니다
수천 년 하늘 아래 큰 몸을 둘렀던 금줄도 없습니다
봄바람이 해변 끝에서 따뜻한 등이 되어 불어오니 이보다 반가운 손님도 드물겠습니다
작다란 이파리는 아직 피지 않았습니다

여보세요, 거기 안에 계시는 곳은 꽃 피었나요?

매화꽃이며 도화꽃 피었다면
나도 당신 속으로 들어가 한 백 년 동안만 흰 나비로 살아도 될런지요
흰 날개를 접었다 펼치면 아름다운 꽃이 피었다 지겠지요
아무래도 떨어지는 꽃잎을 당신처럼 받아 안으려면 작은 연못 하나는 파야겠어요
그 둘레는 작고 큰 돌멩이들로 마침맞게 쌓아 올려야겠어요
우리가 꽃피우며 노닐 자리는 이미 보아두었습니다만
누구에게 들킬까 하는 작은 염려가 일어나기도 합니다

그러하여 여쭙나니
아무도 모르게, 아무도 들리지 않게, 조용히 은밀히 여쭙나니

여보세요, 거기 안에 계시는 분, 꽃 피었나요?

---

*여수 돌산도 근처에 있는 섬.

못된 습성

우동식

월전포 가두리 양식장이 터졌다
터진 구멍으로 감생이가 쏟아졌다
양식장 주인의 허물어진 담장으로
물 만난 강태공들이 몰려들었다
욕망을 집어넣는 순간
감생이가 덥석 덥석 습성을 물고는
반항 없이 끌려나온다
삽시간 어구에 쌓인 수십 마리의 감생이
퇴행성 지느러미와 눈먼 시안
원시적 생존법을 망각하고
떡밥에 길들여진 천연덕스런 놈들
우리 산다는 것이 거기서 거기라고
가두리 주변을 배회하고 서성거리는 녀석들
날마다
물의 울타리에 길들여진 습성들이
파닥거리는 날이다

횡간도 느티나무 아래

송정현

영감 떠난 후로
머리에 싸래기 꽃이 함박 내렸다

삼백 년 한자리 지키는 느티나무
밑동이 작년보다 실하다
사시장철 큰소리 한 마디 없는 세월
떠난 영감 젊은 시절 허벅지마냥
가지마다 아직도 근육질이다

한쪽 날개 꺾인 새처럼
인적 드문 섬이 되어 기우는 날들
퇴행성관절염 실은 유모차를 동무 삼아
썰물 지난 빈 길 따라
긴 세월 돌고 돌아와
봄기운 놓친 겨울 꽃으로 벙글어
횡간도 느티나무 곁에 피었다

후박나무 아래 허공

최향란

횡간도, 삼백 년 훌쩍 넘긴 후박나무 숲 그늘
한 노파 허공 움켜 쥔 채 꼬부라져 있다
고작 백 년도 안 돼 바닥인데
여기 후박나무 곁에서
한 톨 생을 마저 내려놓고 싶다는 말 차마 다 듣지 못하겠다

걸음을 멈춰 서서 저 후박나무가
삼백 년을 풀어 꽃으로 당당히 가는 천 년의 길 바라보는데
참, 뜨겁고 뜨겁다
정오 햇빛으로 반짝이는 후박나무 숲 십 년쯤은 흔적도 아닐 테니
몰래 한 삽 훔쳐내었다

잠깐 피었다가 더 이상 꽃피지 않는 칠흑의 허공에게
한 삽 거름 주는 밤,

한 줄기 눈물 핑 도는 청춘을 후박나무가 보고 있다

횡간도

임호상

날과 날의 사이를 깁는다.
어둠의 끝과 새벽의 그 경계를 가늠하며
시간의 허리를 깁는다.
졸음을 쫓기 위한 커피 몇 잔이
바다의 새벽을 만들고
가끔 냉장고 문을 열면 차디찬 기억들이
밤새 풀어놓은 어둠을 걸치고 변함없이 다가와
길 위 그물에 걸려 파닥이는 횡간도 아침,
이른 새벽 아직 눈뜨지 않는
바다의 그물을 들어 올리면
벌겋게 충혈된 바다가
방파제 기다란 목을 내밀고 있다

횡간도 후박나무를 바라보다

하병연

　밤새도록 나무들은 생각의 잎으로 무성히 피었다가 새벽녘에는 까닭 없이 우수수 떨어져 내렸습니다. 나무들이 이 우주 속에서 집 한 채 짓고 허무는 까닭 하나쯤은 알 듯도 합니다만 나무들이 나를 뚫고 자랄 수 있도록 백회百會를 열어두는 새벽녘입니다. 이 우주에서 사람 안에 나무를 키우는 어떤 분이 계시는 듯 내 속에서도 나무 줄기 속 맑은 물처럼 횡간도 후박나무 숲이 푸르게 섰습니다. 짙푸른 이 나무를 천지기운天地氣運이라 할지, 먼 조상이라 할지, 아님 바다라 할지, 다만 여전히 바라만 볼 뿐입니다. 내 몸에서 아래로 뻗어나가는 뿌리 바라보듯 위로란 사람의 말로 받는 게 아님을 바라봅니다. 스승은 사람 위의 사람이 아님을 바라봅니다. 깨우침은 용맹정진함이 아님을 바라봅니다. 다만 당신이 나를 바라보고 바라보는 것처럼 바라보고 또 바라봅니다. 생활의 캄캄절벽도 바라보고 바라보면 언젠가 위로도 오고, 스승도 오고, 깨우침도 오겠지요. 삼백 년이 지나 오늘 새벽녘에야 횡간도 후박나무가 내 속에 와서 나의 새벽명상을 바라보듯이 말이죠.

겨울 초록

김수자

정말 가까이 더 가까운 곳에 바다가 살고 계셨어요
해질녘이면 머리칼을 쓰윽 넘기는 바다,
통유리 너머 그쪽을 바라보면
그리운 바다는 왼손을 들어 보이시며
손인사라도 건네실 것 같은 가까운 거리였어요
옆모습에서 처음의 그날처럼,
푸른 느티나무 잎사귀들이 바람에 속삭이듯
풀냄새 가득한 등 푸른 바다의 일렁임이 보였어요
그것은 바람의 안부였어요
겨울 바다 깊숙이 묻어둔 푸른 숲의 안부였어요

바닷가 경자 씨

박해미

잔잔한 바다를 닮은 푸른 슬레이트 집
대문 대신 서 있는 후박나무 친친 감고 올라가는
나팔꽃 있다 나팔꽃 경자 씨 살고 있다
경자 씨, 경자 씨
이름을 불러주면 좋아하는 그녀에게
방 한 칸과 해장국 파는 칠순 노모가
이 세상 전부이다
마비된 두 다리로는 날 수가 없어
날마다 방 안 가득 파도를 불러들인다
먼 바다를 항해하는 선장이 되어
파도와 함께 살아가는 그녀
파꽃이 된 노모와 서로가
꽃이 되고 버팀목이 되어주는데
그들은 밤새 별들을 솎아내어
바다 가득 뿌려놓곤 한다
팔뚝만 한 숭어를 들고
아침 해장 먹으러 온 사내와 눈이 마주치면
그녀의 마음도 노을처럼 붉어진다

나팔꽃 줄기 꼬이지 않은 풍경은
바다를 온통 휘감고 있다
해초처럼 풀어지는 웃음

하루에 수천 번, 수만 번 파도치는 生의 바위에 몸 붙이고 사는
—하병연 「거북손」 중에서

그냥 그렇게 묻어두고 못 이기는 척 알면서도 그냥 그렇게 사네
—임호상 「섬」 중에서

너에게 가야 한다는 생각에 온몸을 열고
밀물이 들기 시작했지요
—김수자 「여자도」 중에서

서로를 끌어안으며 살아가는 무한의 힘은 고독이다
―황영선 「적금도에 시도 때도 없이 봄이 드는 이유」 중에서

수반 위에 모래를 깔고 바다를 채워
섬 하나를 올려놓았다
―이생용 「사도」 중에서

고립은 그리움 쪽으로 목을 늘이고
그리움은 허공에도 길을 내었다
—송정현 「여자만 여자도」 중에서

외롬이 등을 갉아 먹을 때까지
그 누구도 들이지 않았다
―황영선 「바닷가 빈 의자」 중에서

오래 비워둔 마음속이어도 좋겠군요
누군들 찾아오면 파도 소리 깃든 경도 한 잔쯤
―김수자 「경도 소묘」 중에서

나팔꽃 줄기 꼬이지 않은 풍경은 바다를 온통 휘감고 있다
해초처럼 풀어지는 웃음
―박해미 「바닷가 경자 씨」 중에서

섬이 섬을 낳는 풍경들은 섬사람을 닮았다
―우동식 「섬의 내력」 중에서

제3부
섬에 물들다

소리도
여자도
월호도
적금도

해녀민텔*

송정현

꽃게 걸음이 바다 소리 끌어당겼어

바야흐로 꽃게의 계절, 보글보글 거품 내는 꽃게를 다라이 가득 채우면 붉은 동백 끓어올라, 펄펄 끓던 세월 털어버리고 한 세상 살다가 너랑 나랑 함께 지고파서는

꽃게 발에 그만 발목 잡혀 차갑고 푸른 유리바다 속 헤집어 맑은 휘파람으로 앉았어 둘이 소리로 이어지는 물질, 그렇게 소리도 파도를 함께 넘었어

어서옵서예 만선 나팔 소리와 맑은 휘파람 소리 소리로 맛을 내는 바다를 통째로 길어 올린, 소리가 깊은 집이었어

---

*소리도에 위치한 민박집.

소리도 해국海菊

이생용

소리도* 등대 아래
누구의 초분草墳일까
소나무 가지가 앙상하게 문드러지고
해풍에 삭힌 마지막 살 한 점
까마귀 눈초리가 무섭다
초분草墳 위에 떨어졌던 수많은 별이
씨앗이 되었나보다
바람도 사나워 상처투성인 벼랑 끝
소리도 등대보다 환한
그녀의 꽃
해국海菊이 피었네

---

*여수시 남면 연도(소리도), 여수의 남쪽 바다 입구.

소리도 동백

최향란

누가, 보일 듯 들릴 듯 마음으로 가는 바다를 풀어놓았다

낯선 그 길 소리도 등대에 멈췄을 때
꽃 지던 깜깜한 밤 껴안고 울던 붉은 사랑
어찌 풀어 보냈는지 어디로 놓아준 건지 지난봄을 묻는다

구석구석 바람이 떨어지는 깊은 그 그늘 지날 때도

목매인 햇살의 소리 듣는다
허공에서 뿌린 사방 구절초며
한없이 바다 보는 해국

이 모든 게 스스로 그리움 부르는

한 마디 달콤함의 끝 슬픔이래도
아 누가 내 몸과 마음 꽉 붙잡는지
역포 노을이 저녁 식탁 위로 탁, 터졌다

그리하여 그리움을 빙자한 식탐이래도 지워지지 않는 싱싱한 섬으로 앉았다

소리도 억새를 노래하다

황영선

어허야 얼얼
어허야 얼얼
바랜 베옷 한 벌
훨훨 날리시며
소리도 숨죽여 가신
어머니
바람 앞에 엎드려
울 줄도 몰라
한 세월 휘청이다가
어허야 얼얼
어허야 얼얼

소리도 블루스

김수자

모양 좋게 접어 날려 보내주신
그 바람 때문이지요
싱그런 풀잎 같은 제 마음이
당신 쪽으로 일제히 몸을 눕히는 것은,
짧은 감촉 긴 여운
문득, 이 세상 마지막 무대 의상을 생각해요
하늘빛 좋은 오월 어느 날
찔레꽃 러플이 달린 햅번 스타일의
초록 풀잎 원피스 수의를 입고
분홍 볼연지 사뿐사뿐 그 세상으로 건너가면
그곳에 계신 당신도 팔 벌려 맞아주실까요

섬, 꽃소식

우동식

레이더 기지가 있는 섬에는 지난밤에도
어둠을 잘라내
모스부호 같은 바다를 해독解讀했습니다
꽃게 잡기 딱 좋은 날
해녀민텔이 있는 바닷가에는 게딱지만 한
우체국이 하나 있습니다
둘째 아들 배달부는 섬 귀퉁이를 레이더처럼 돌면서
내륙의 소식을 전하지만
삶이라는 게 꼭 밀물 썰물 같고
바다 속을 헤집고 다니는 꽃게 같습니다
꽃게잡이 배에서 태어난 아버지는
그물망에 걸린 꽃게처럼 뱃사람이 되어
밤을 내리고
새벽 해를 주섬주섬 담아 올렸는데
툭 불거져 흘깃흘깃 쏘아대는 눈
치켜든 두 발로 파닥거리던 꽃게들
그 파삭거리는 소리로 어머니는
벌겋게 꽃핀 꽃게탕을 만들어

그 하얀 속살만을 가려서 밥그릇에 소복이 담아주고
게 등딱지 안에 밥을 비벼주곤 했습니다
육지로 유학 와 있을 때도,
아들딸 낳고 한 가정 이룬 지금도
꽃게 철이 되면 갓 잡힌 장정 손등만 한 꽃게들이
배달되곤 했습니다
하얀 머리칼로 그물망을 깁고 있는 아버지
꽃게 밥상을 꽃피우는 어머니
섬 구석구석 페달을 밟는 동생
싱싱한 꽃게 박스를 풀면
고향은 별 탈 없고 애비 에미 동생도 잘 있다고
개펄 같은 세상
꽃게처럼 단단히 무장하고 속 채우며 살라는
소리도 꽃게 소식이 꽃소식으로 전해옵니다
섬, 꽃게 채널이 전해주는 사랑의 주파수는
캄캄한 밤에도 다 한통속입니다

거북손

하병연

    어린 나는 그게 싫었어 밥 먹을 때에도, 잠잘 때에도, 회초리로 나를 때릴 때에도 아버지의 오른손에는 언제나 흰 장갑이 끼워져 있었어

    아버지가 진주 병원에 서너 달 정도 누워 있었어 엄마는 동네 사람들과 싸우고 듣도 보지도 못한 욕을 하기 시작했었어 낮에도 울고 밤에도 울었어 경운기에 잘린 손가락을 살리려고 자기 엉덩이 살을 도려 손가락에 붙이고 그 손을 뱃속에 넣어 살이 차오르는 수술을 하였어 아버지는 고통에 악다구니를 쳤고 엄마는 병원비에 미쳐가고 있었어 학교에 돌아온 어린 나는 아무 말 없이 청마루에 철퍼덕 앉은 멍한 엄마를 남겨두고 마구간 소를 데리고 들판에 나가곤 했었어 얼굴이 길고 눈이 큰 우리 집 소처럼 나도 눈만 껌벅거렸어 흙 마당에 요강단지처럼 엎어진 엄마를 보는 것이 정말 싫었어 그 이후부터 아버지는 항상 흰 장갑을 끼고 흙에 악착처럼 몸 붙이고 농사일을 했었어 남아 있는 손가락마저 뭉텅해질 만큼 농사를 했었어 그리고는 언제나 잘린 손가락이 시리다고 줄담배를 피워대었어 흰 장갑을 끼고 국민학교 수학여행에 따라오기도 했었어 그런 아버지가 정말 싫었어

그때의 아버지 나이만큼 나이를 먹은 나는 소리도*에 와서 아버지의 손을 보고 말았어 흰 조개도, 검은 조개도 아닌, 하루에 수천 번, 수만 번 파도치는 生의 바위에 몸 붙이고 사는, 꽉 붙잡고 있던 두 손을 놓아버리면 수십 길 낭떠러지에 떨어져 빠져죽는, 그래서 온몸이 거북손처럼 갈라지고 불어터진, 바다, 따개비

지금까지 아버지의 손을 잡아본 적 없었어 오히려 아버지의 손이 나의 손을 잡을까봐 무서웠었어 거북손 하나를 가만히 손 위에 올려다 놓았어

어서어서 자라렴

우리 아버지 흰 장갑 속에 새끼손가락 없으시다

---

*여수 금오도 근처에 있는 섬.

여자만 여자도

송정현

여자만 여자도에는 여자만 있는 게 아니다
바람보다 더 빨리 일어서는 파도가 있고
해풍의 애무에 향기 머금은 춘란도 있고
이방인을 반기는 호기심도 있다

떨어져 혼자인 것들이 고립으로 불릴 때
고립은 그리움 쪽으로 목을 늘이고
그리움은 허공에도 길을 내었다

대여자도와 소여자도
그리움과 그리움을 잇는 다리가 놓였다

소통은 너에게로 닿는 원천이다
여자만이 여자도를 내려놓고 돌아설 때
뒤꿈치가 닿은 여자도에서는
등 뒤로 다시
여자만이 붉게 물드는 중이다

이별하는 섬
— 여자도

최향란

바람의 사슬은
구릉지 넘어 북단 여자마을에 불안으로 앉을 뿐
주인 잃은 낡은 어구의 풍어는 허락하지 않았다
천적 만나 놀란 흰 뿔말처럼
마른 바닥 탁 차고 껑충 뛰어올라
적에게 맹렬히 저항하는 쉭쉭 기친 파도 소리
곳곳에 유전을 밀어내려고 바람이 먼저 온 여자도
무성한 흰 갈기 드러내고 버티는 바다를 본다
저녁이면 고립의 세월로 거슬러 올라가
그토록 참았던 야반도주를 생각하지만
첫 별 뜨기도 전에 길 잃어 헤엄쳐 나오지도 못하는
생의 중심을 원하지만 윤곽만 배회하는 허술한 슬픔
드디어 바다는 갈기를 눕히고 부드러운 혓바닥 펼치는데
섬은 스스로 멀어지기에 중독된 걸
진즉에 알았던 게 분명하다

렙토세팔루스 icptocepalus

이생용

3,000km의 머나먼 여정 끝에
일부 형제들은 고창 선운사 인근 작은 바닷가
풍천이라는 곳에 터전을 잡았고
나의 조상은 매섭고 추운 바람에 떠밀려
여자만 여자도에 터전을 잡았다지
내 이름은 붕장어야
그 뒤 방씨 성을 가진 사람들이 들어와 이곳에 터를 잡았고
여자만의 매섭고 추운 바람을 마파라 부르면서
바람의 이름이 곧장 마을 이름이 된 거지
이 모두를 알고 있는 나는 따지고 보면 여자만의 주인이고
여자도의 토착어야
삼 년 전, 이 마을 방가네 큰아들이 장가를 갔어
섬 마을에서 어디 장가가기가 쉽다던가
나이 오십 줄에 필리핀 신부 글로리아라는
스무 살 앳된 아가씨와 결혼하여 다문화 가정을 꾸렸으나
소통인들 제대로 이루어졌겠는가,
하루는 눈물로 지새우는 신부를 위하여
온 가족이 햇불을 켜 들고 갯가에 고기잡이를 나갔는디

아, 글씨 신부의 입에서
파~아더 렙토세팔루스, 렙토세~팔, 이라고 소리치는 것이여
저걸 어째, 얼굴이 홍당무처럼 붉어진 시아버지가
아들에게 역정을 내었다는 것이야
너는 어찌된 것이 각시에게 한글은 고사하고 욕부터 가르쳤냐
이놈아 넵도 씨팔이라니
시아버지에게 할 소리냐, 한바탕 야단을 치는데도
글로리아는 자꾸만 오~렙토세팔~~을 외치는 것이 아닌가
그녀가 그리도 반겨 부르던 나는
필리핀에서 렙토세팔루스라 불리는 댓잎뱀장어였다는 사실,
그날 이후,
글로리아는 고향을 떠나온 처지가 자신만이 아니라는 것에
웃음과 용기를 되찾았고
마파 바람이 심하게 부는 이월에 첫 아들을 순산했다는 말과
누군가에겐 자신의 고향 말이기도 했던
넵도 씨팔은
여자도 마파 마을의 우스갯소리 같은
전설이 되었다는, 전언傳言

파도

황영선

어떤 여자가 운다
깨어지고
부서지고
솟구치다 철퍼덕 주저앉아 운다
그리움 앓다가 쏟아낸 저 울음들
그저, 바람 때문이려니 했다

여자만灣
— 화사花蛇

이생용

   하연 벼꽃 너머 붉은 노을이 꽃피고 있었지. 구불구불한 들길은 몇 마리의 화사花蛇, 핏빛 물들이며 관기 들녘을 기어가고 있었지.

   청보리 올라오는 이른 사월, 막 허물 벗은 화사 한 마리와 대면했었지. 뱀도 놀라고, 우리도 놀라고, 뱀도 달아나고 우리도 달아나고, 그러다 뒤돌아서 밭두렁의 돌멩이 하나둘 집어 들고 무잠하게 후려 팼지. 황토에 스며드는 검붉은 피를 보며 우리는 전사처럼 우쭐거렸지. 발그레한 얼굴로 우리는 뱀 무덤을 만들어주었지. 여름이 되기 전 드러난 하얀 뱀뼈에 또 한 번 놀랐지. 뱀뼈에 발이 찔리면 그대로 썩어문드러진다 하였지. 어미 뱀이 아직도 밤마다 헛바닥을 날름거리며 돌무덤을 빙빙 돈다 했지. 가슴 졸이며 하얀 뱀뼈 풀섶으로 옮겨 안장했지. 우리들 손등에 붉은 꽃들이 피고 있었지.

   하연 벼꽃 너머 붉은 노을이 꽃피고 있었지. 구불구불한 들길은 몇 마리의 화사花蛇, 핏빛 물들이며 관기 들녘을 기어가고 있었지.

여자도汝自島

하병연

여수 여자만에 한 여자를 만나러 갔는데요
나 원 참, 근 사십여 년 만에 이제사 찾아온다고
그 여자, 고흥 팔영산보다 더 높은 파도로 뱃머리를 때리는데요
키 작은 빈 배가 그녀의 뱃속에서 호시를 타고는요
나는 그만 뱃멀미가 나 눈을 감고 가부좌를 틀어야 했어요

여수 여자만에 한 여자를 만났는데요
아 글쎄, 그녀 집에 내리자마자 그 많았던 바람도 잠잠하고요
매화꽃이며, 동백꽃이며, 난꽃으로 꽃섬을 만들어놓고는요
따뜻한 봄 햇빛으로 나를 꼭 끌어안아 주는데요
나도 그만 그녀를 와락 끌어안자 바다가 온통 은빛으로 반짝거렸어요

여수 여자만에 한 여자를 남겨두었는데요
오, 저런! 저 멀리 한 여자가 아득히 두 손을 흔들고 있었어요
사랑한다, 기다려 달라 말도 하지 못하였는데요
나는 바보처럼 그녀에게 돌아가지 못하고
점점 작은 섬으로 변하는 붉은 해만 우두커니 바라만 보았어요

지금도 여수 여자만에는 여수 여자女子 같은 여자汝自가 홀로 살고 있을 테지요

팽나무 큰 어른

우동식

섬의 하루는 포구에서 문을 연다
문의 열쇠를 갖고 있는 팽나무는
깊숙이 뿌리내린 실핏줄로
바다의 움직임을 깐깐하게 예보한다
실눈을 틔워 보이기도 하고
작은 이파리들을 살랑거리기도 하고
햇살에 고슬고슬 말려놓기도 하면서
어떤 날은 몸을 마구 흔들다가
고집불통 할아버지의 마음을 돌리기 위해
제 몸을 뒤틀어 가지를 쭉 찢기도 했다
그런 날이면 어김없이
파도가 섬을 꿀꺽꿀꺽 삼키었다
갓 잡아 올린 멍게빛 아이들도
갯벌 닮은 할머니도
헐거워진 그물망을 깁는 노부부도
모두 팽나무의 말씀에 귀 기울이는데
팽나무는 넉넉히 품을 내어주곤 했다
풍어제를 올리고 마을의 대소사를 결정할 때도

그 어른의 그늘 아래서였다
시장바구니에 담긴 수다가 와자지껄할 오후에야
뭍을 향해 풀어두었던 밧줄을
팽팽하게 당겨 묶는다
여자도에는 여자도선船을 운항하는
선장 어른 한 분 포구에 서 있다.

---

*여수시 소라면 서쪽 6.4km 지점 순천만 중앙에 자리 잡고 있는 섬.

여자도 汝自島

김수자

온통 어둠뿐이었죠
사방이 가로막힌 침묵의 바닥에
색깔 없는 어둠 외에는
아무도 보이지 않았고
아무것도 기억할 수 없는
완벽한 혼자
그러다 문득 너에게 가야 한다는 생각에
온몸을 열고 밀물이 들기 시작했지요
이내 숨이 차기 시작했어요
아, 손가락 하나 들어 올리는 무게마저도
온 세상을 떠받치는 듯한 힘겨움
목멘 시간의 아득함과 어둠 사이로
가느다란 빛이 스며드는 찰나
눈을 떠 한동안 허공을 응시하다가
차츰 낯익은 풍경에 안도의 숨이 내쉬어지던,
천천히 일어나 커튼을 젖히니
먼 바다 수평선으로부터 통증 같은 노을이 달려들었죠
여기는 분명 꿈속은 아닌 것이겠지요

월호도

황영선

하늘의 푸름이 있어
사람도 마을도 바람도
모두가 한통속
꿈은 호수 안에 피어나고
꿈은 달에게서 깨어난다
훌훌 드러누운
구름 가까운 월호도
시호꽃 그림자 살짝 눈을 스쳐
하나의 이름으로 엮어진 월호도
여기 있으면서 꿈을 꾼다
잠자코 몇 번이나 듣는다
하늘과 땅이 처음 생겨날 때
바람이 나무를 건너
출렁 호수에 달이 들었다는

월호도 달빛 스캔들

우동식

잉태한 산產달 창백한 얼굴 복사한 출력물이다
달거리를 앓고 있던지 달의 무리로 번역되겠어
추월秋月이란 달의 이력도 속도위반
달려드는 구름의 유혹을 달통하게 뚫고
제 길 꽉 차게 달려온 슈퍼문 달인
구름은 달갑지 않지만 길을 열어주었어
궤도를 일탈한 달의 눈빛이 호수에 달라붙고 달구치자
단박에 호수는 달을 품고 달구어지기 시작했어
달뜬 마음 염문으로 후끈 달아올랐어
호수는 홍조紅潮로 물들었고
달의 가슴은 깊고 오묘한 소용돌이에 푹 빠졌어
초점 잃고 몽롱해진 달빛 오르가즘에
잔잔한 호수도 출렁, 달달했어
달님 되어 보름에 한 번씩 제 집마냥 달창나게 들락거리며
스스로 사랑이 깊어지는 섬을
월호도月湖島*라 해
그 섬 달동네 담장 밑 달맞이꽃이 필 때쯤
마을사람들은 달집을 짓고 등기이전 하려는데

달[月], 호수[湖], 섬[島]은 놓아두고도 어울려 잘살고 있다고
달빛 물빛 숨 가쁘게 마구 풀었어
영월정迎月亭 포구의 달 빚는 나는,
달빛이 나르시어 월인천강지곡月印千江之曲을 목도했어

---

*여수시 화정면 월호리에 있는 섬.

적금도

박혜연

연륙교 공사로 파헤쳐진 길을 지나며
땅의 가장 안쪽을 보았다
바알간 색이 옅은 층을 이루며 길게 웅크린 땅
나무와 풀이 자랄 수 있는 작토층을 지나
더 이상 뿌리가 닿을 수 없는 곳
낙엽과 바람이 지나간 수만 세월의 발자국에
아래로 아래로 내려간 하드경반층이 화들짝 드러나 있었다
견고한 침묵과 단단한 어둠으로
보석을 품는 그곳
알루미늄과 망간과 금이 만들어지는 곳
더 이상 깨질 수 없는 세월이 웅크린 곳

우리들 마음 안에도 하드경반층 같은 방이 있을까
수만 시간이 납작 엎드려 있는
중심 중의 중심
낙엽과 파도와 바람의 시간을 지나
모든 출구를 차단한 마지막 방
더 이상 깨질 수 없는 마음이

이띤 시간에 노작하여
마침내 빛날,

적금도에 시도 때도 없이 봄이 드는 이유

황영선

사람은 팽창한 우주에서 자고 일어난다
사십억 년도 넘게 땅은 둥굴고 바다는 커 있었다
서로를 끌어안으며 살아가는 무한의 힘은 고독이다
사람은 누구나 하늘의 색깔을 흉내 내려 하면서 살아간다
사람이 사람을 들인다는 것은 쓸쓸함이다
드문드문 물때 맞춰 드나드는 외롬이
담벼락에 숭숭 구멍을 뚫고 흙바람을 뭍으로 날릴 때
이미 고독은 시작되었을 것이다
지구가 벌처럼 시끄러운 날에 상냥한 봄을 내밀어
세상살이 맛을 내는 것도
지나는 길손에게 따뜻한 밥 한 그릇 대접도
실은 고독을 나누자는 것이다
수백 년 수천 년의 고독을 이기며
커다란 돌덩이의 심장을 거쳐
한없이 깊어지는 뿌리와 한없이 깊어지는 생각과
더욱 깊어지는 시간을 본다
산도 바람도 나지막한 그들의 세상에 시도 때도 없이
밝은 햇살이 비치고 있어

빛나는 산디 위에
꽃 같은 11월이 꽃피었다

적금도 수채화

최향란

뒷등길로 산다화 출렁이는 중이었다 빈집 돌담에 엎드려 가르릉거리던 고양이는 앙큼한 앞다리를 길게 뻗었다

틈틈이 갈대밭으로 내려온 허공이 빛나는 물고기와 따스한 별빛을 빚어 수평선 이쪽저쪽 싱싱한 선을 긋는 섬

빈집의 당당한 주인이라던 바람은 거만한 말을 흰 파도의 이름으로 툭툭 던지고

팽둑길 너머 당산나무 지나 자유롭게 방치된 늙은 유자나무 아래까지 흑염소 두 마리는 동그란 똥 실컷 뿌려놓는데

산다화 붉은 그늘로 숨어들어가 비릿한 섬 쪼개 먹고 있는 나, 를 멀찌감치서 본다

적금도 바다슈퍼

김수자

사는 게 답답하면 바다슈퍼에 가라
하루 두 번 물을 열고 닫는 바다슈퍼엔
고래밥도 있고 새우깡도 있고
바다를 우려낸 국물 시원한 컵라면도 있다
가서 갈매기 티켓을 사라
그리고 적금도로 가보라
섬을 건네주는 갈매기호 작은 도선이며
싱싱한 파도 소리 독섬대팽길, 적금뒷등큰길
포구 마을의 골목길 이름도 정겨운 섬으로 가보라

해발 몇 미터의 높은 산도 없이
그냥 낮은 구릉지대로 이어진 섬
둘레길이며 마을 뒤편으로 군락을 이룬 습지의 갈대들
그 갈대숲 길을 걸으며 서걱거리는 바람 소리에 시를 떠올렸다
유자밭을 지나 해안가 바위에 걸터앉아서도
텅 빈 마을회관에 허락도 없이 몰려 들어가
잠시 지친 다리를 쉬면서도
그저 시의 신이 강림하시기를 열망하였다

수백 년 풍파에 쓸려 속이 텅 빈 채
　우듬지마저 사라진 팽나무 가슴속을 들여다보았고
　바닷가의 두레박으로 떠먹던 샘물을 들여다보며
　시를 길어 올리려 몸을 숙였다

　오지항아리를 묻어 만든 샘이며 금을 캐던 금광 굴이었다는,
　일일이 바윗돌을 깨어가며 팠던 굴 속을
　반딧불 같은 휴대폰의 조명등을 켜 들고 끝까지 간 사람도
　한기를 느껴 중도에 포기하고 돌아 나온 사람도
　그저 발길마다 손짓마다 웃음소리며 기침 소리까지 시가 되겠다
고 했다
　풍경을 놓칠세라 연신 카메라 셔터를 누르는 사람도
　수첩에 메모하는 사람도
　바다를 폰에 담는 사람도
　대어를 낚았나 보다고 부러워하는 사람들이 줄지어 선
　적금도,
　그저 詩 詩 詩…… 詩가 진열된 바다슈퍼였다

섬의 둘레길을 걷다 식당을 찾았지만 식당은 없고
붙임성 좋은 동대장이 손짓하는 곳으로 가니
할머니 혼자 사시는 집이었다
어디서들 오셨냐고 허리 반쯤 굽은 채로 반기며 내어주신 대봉 한 접시,
다들 허겁지겁 먹는 걸 보다못해 잠깐 있이 보라며
방금 바다에서 잡아온
쭈꾸미 한 접시와 막 무친 배추겉절이를 한상 푸짐하게 내어주신다
뭍에 사는 딸하고 아들이 오늘 보일러 손봐주러 오기로 되어 있다고
얼른 먹고 가라고 바빠 하시는데
우리는 싹싹 비운 반찬 그릇을 쳐다보며 입맛만 다셨다

'아이고 참말로! 멀라고 나가 들어오라 해쓰까잉~'
주방으로 가시더니 김이 펄펄 나는 금방 지은 밥을 고봉으로 퍼다 주시며
'언능 묵고 가 인자, 배 들어올 시간이여. 오메 나가 뭘라고 들어오라 해쓰까이.'
아들 딸 오면 주려고 삶아놓은 쭈꾸미며 배추겉절이며

121

햇반을 낯선 여행객들에 내어주셨다는 것을,
그제서야 눈치를 채고 몸 둘 바를 몰라
다들 부산히 일어서며
밥상 위에 지전 두 장을 살짝기 올려놓고 나오는데
어느 틈에 보시고는 손사래를 치시며
'나는 그런 사람이 아니여! 참말로 나가 멀라고 들어오라 해쓰까
잉! 빨리 가, 금세 우리 아들 딸이 들이닥칠 테니 어여 가아.'
쫓기듯 문을 나선 할머니의 바다슈퍼에는
'그 아이구 내가 멀라고 들어오라고 해쓰까잉~'
아! 정말 오래오래 괴발 새발 게발 새발 개발 세발 지저귀고 있었다

끝내 시는 줍지 못한 채 도선에 올랐지만,
나는 알고 있었다
섬도 바다도 할머니도 이미 한 편 시의 입맛으로 살아있다는 것을

제4부
섬이 되다

조발도
하화도
거문도
초도
경도
돌산도
오동도

조발도

박혜연

비탈진 생일지라도
비빌 언덕은 필요하다고

비탈져서
더욱
간절하다고

어느 한순간
순탄했던 길이 없었으므로

낭떠러지로 변하기 전
골목이 또 다른 골목을 잡아끌어

아득한 추락을 낚아채
아침 일찍 해를 받아 올리는

조발도 모든 땅은
비스듬히 어깨를 내주며

비탈진 생을 받치고 있다

바다슈퍼

우동식

바다의 문이 열리면 슈퍼의 문도 열린다
밤낮이 따로 없는
적금도, 조발도, 둔병도 바다로 입문하는 구름 선착장
화양면 벌가포구에는
출정을 기다리는 배들이 미사를 올릴 때
바다를 허리춤에 두르고 사는
오두막집 한 채가 오도카니 앉아
빙어떼로 헤엄치는 구름의 깃털을 헤아리며
일기를 점쳐 보곤 하는 것이다
눈썹을 치켜뜬 처마 끝이 해돋이와 조우할 때
바람의 아들들이 한바탕 모였다 흩어진다
컵라면 김밥 커피 소주 막걸리……
그리고 낚시채비 몇 가지
딱 있을 것만 있는 속이 꽉 찬 바닷가 밑바닥 슈퍼
낙지 몇 마리 악착스럽게 고무다라에 붙었다
바다를 조리해 맛들인 삼십 년
손끝 야무지고 손맛 나는 그녀가 사는 곳
곰삭은 젓갈 같은 질펀한 이야기 오가며

비릿한 바다를 빨랫줄에 널어 말리는
사랑방 같은 그곳에서
밀물과 썰물의 바다 이야기를 보시하며
눈짓과 눈짓으로 어부들의 호명보살이 된다
하루도 별일 없이 잘 살자고
혹은 잘 살았다고
나침반같이 박혀 있는 바다슈퍼의 자침이
쾌청한 바다를 가리킨다
슈퍼스타가 아니더라도
슈퍼가 열리면
바다를 통째로 사고파는 사람들
바닥을 딛고 더 깊은 바다로 출항한다

하화도

꽃의 이름으로

박해미

바람의 주소를 꽃은 알고 있다
바람의 눈빛을 꽃은 기억하고 있다
바람의 별, 바람의 바람을 꽃은 알고 있다

숲속 오솔길 저 혼자 눈을 감은 채
새벽이든 한낮이든 수시로 들려오는 바람의 노랫소리
손 뻗어 가슴 활짝 내민 키 큰 나무 아니어도

괜찮아, 괜찮아, 여름 한철 소나기에
그냥 시들어버릴 운명이 된다 하여도
바람의 무덤을 알고 있는 꽃은 몰래 행복하다

꽃섬*

송정현

이별은 북극에서 달려오는 바람
모든 것이 성장을 멈춘다
대나무 속 같은 마음
뱃길 따라 바람에 날려 와 차갑게 일어나는 흰 거품,
문득 아프로디테의 전령이 태동하지는 않을까
사람들 발길 소리에 섬은 깨어나고
멀리 보이는 제비붓꽃 보라색 궁전을 이루었다
차오르는 바닷물로 다가가
가까이서 본 궁전은 폐허가 되어간다
축 처진 꽃대에 간신히 버티고 있는 꽃잎들
멀리 있을 때 더 아름다운,
꽃으로 보이는 사이가 있다면 한 걸음 물러서야지
다시 태어나기 위해
서서히 사그라지는 붓꽃의 생존법은
쉼표로 그려진 또 다른 사랑법
메마른 줄기에 촉촉한 물기가 닿는 순간
지금 이곳
아프로디테의 노랫소리가 지고 꽃섬이 핀다

---

*여수 하화도.

꽃섬, 꿈꾸다

이생용

화양반도 일주 마라톤 레이스를 하다가
깨어진 아스팔트 틈새로 내민
키 작은 구절초 꽃을 보면서
낙타를 타고 사하라에 가서 구절초를 볼까나 하시던 형은,
구절초를 유난히 좋아하던 형은,
그해 가을날,
사하라 마라톤에 가보지도 못하고
체력단련 중 뇌출혈로
구절초 꽃잎 흩날리며 핏기 없는 얼굴로 떠나셨다

나 혼자 사하라로 가는 게 싫어
낙타 대신 배낭을 메고 이 섬, 저 섬을 헤매는데
봄 햇살 튕겨내는 은빛 바다 위에
슬픔의 무게로 발자국 선명한 꽃섬

붉게 멍든 가슴을 송두리째 내던진 동백은 말이 없고
누구의 슬픔을 앓다 갔는지 앞다투어 피다 진 꽃들은
마른 꽃잎 바람에 날리고 있지만

슬픔은 오래 흔들릴 뿐 바람 따라 가지 않고
꽃잎 문양 낙관처럼 선명하다

저 슬픔의 낙관을 조각내어
순념밭넘* 구절초 꽃밭에 묻고
선명하게 찍힌 발자국 하나씩 지우며 돌아갈 수 있디믄
슬픔을 꽃으로 피우는 섬에서
나는 낙타를 타고 사하라로 갑니다

---

*여수 화정면 하화도(꽃섬) 내 구절초 꽃밭 지명 이름.

내 안의 꽃

황영선

조금씩 아주 조금씩 흔들렸다
함께 호흡한다는 것이 두려워
꼭꼭 숨어 지내다가 때가 되면
아무 까닭 없이 돋는
꽃순들의 기운에 기대어 넌지시 마음을 열었다
내 안의 것들이 초록 순으로 툭툭 돋아
긴 잠을 깨워낸 신비
잎과 잎 사이 꽃들의 벙그럼이 없었다면
그 마음을 읽어내기란 쉽지 않았을 것이다
찔레꽃 향 풍성한 그곳에 있기 전
나는 사랑할 줄 몰라서
꽃피울 줄도 몰랐다
전신을 열어 함께 피는 것이 사랑이라고
그게 사는 것이라고
서로 부딪히며 피어나는 꽃들의 한 호흡을 보면서
사랑의 의미를 읽는다
비로소 내 안에 꽃이 핀다

하화도

임호상

남벼락에도 꽃이 피었다
벽화를 그리듯 환하게 웃는 햇빛 따뜻한 가을쯤
꽃을 보러온 사람들이 한 다발 꽃으로 내리고 있다
세월이 낸 길을 따라 걷다 바람에게 묻는다
우리 얼마나 걸어왔지?
마을 어귀에서부터 따라온 수줍은 바람
그냥 말없이 웃는다
바람도 심호흡하고 원점 회귀하니
꽃들이 먼저 와서 야영하는 그곳으로 되돌아가야겠다
구절초 흐드러지게 피는 꽃섬
이곳에선
뒤돌아보기 위해 걷는다

꽃섬, 봄을 편집하다

김수자

봄 창을 열었습니다
한 무더기 봄꽃을 내어놓은
꽃섬, 그 자세만으로도 꽃이 될 것 같아
연초록 풀잎으로 날아온 나비 한 마리
봄 햇살에 그을린 날갯짓이 거룩합니다
처음처럼 다시 그 봄 피면 좋겠다고
독백의 사이 넣기도 하고
아지랑이 나른한 쉼표도 넣고
풀잎 위 다소곳 앉은 고요로
기다림의 행간도 넓힙니다
기다림은 빈자리인가 봅니다
넓힌 행간에는 나싱개 봄까치 바람꽃 별꽃
산자고 양지꽃도 불러놓고
봄을 이탈한 허전한 곳엔 물구나무선
하늘을 들입니다
배꼽 내어놓고 해맑게 웃는 바람도 만나고
치마 뒤집어쓰고 벼랑을 달리는 바람도 만납니다
아직 삭이지 못한 겨울은 통째로 날려버립니다

버릴 것은 버리고 취할 것은 취하며
봄을 편집합니다
이만하면 살 만해
조금은 헐거워진 세상을 퇴고합니다

거문도

거문리서 巨文理書

임호상

귤은 서書
별 더욱 밝으니 어둠 더 짙었구나
이곳 유촌에선 그 빛 다 내 별
아 저 별들 깎는 파도 소리 그치면
그 소리 그치면 누굴 주랴
칼바위 파도 소리에 깨어보니
달 밝은 밤 그 별 다 어디 갔나
목넘애에서 등대 가는 길 수월산
저리도 붉게 동백으로 뚝뚝 내려
죽어서도 모여 사네
붉은 배경이거나, 거름이거나

만회 서書
모르지 재 넘어보지 않으면
바다 넘어보지 않으면 모르지
떠나보지 않으면 내 골목길 신작로
어디로 가고 있는지 모르지
짓궂은 파도 장난질 귀띔이라도 하러 가세

삼부도, 백도 쓰다듬던 앞바다
조실모친 신지께로 다시 사네
은갈치처럼 반짝거리던 것 당신 맞네
이제 보니 알겠는가
파도가 매일 오는 이유를 알겠는가

---

*거문도를 대표하는 두 문장가로 유촌 출신의 귤은 김유 선생과 서도리 출신의 만회 김양록 선생.

초도

벽을 허문다

우동식

벽은 벽이 아니다
초도草圖* 섬 우체국
자동문이 스르르 열리자, 이 끌림
진한 향이 날아와 온몸에 달라붙는다
석곡石斛 란蘭 꽃이
민원실 귀퉁이에 하얀 새떼처럼 앉았다
부동산 욕심보 추 씨 이장보다
여객선 터미널 성질머리 여직원보다
더 반갑게 맞는
이달의 고객 친절 왕이다
문을 나설 때도 청원경찰보다 더 곱게
고개 숙이며 꽃 웃음 보낸다
벽이 문이 되는 순간
꽃이 전하는 말의 향기로 딛는 발걸음이다
해풍으로 바위틈에 마디 세우고
돌부리에 걸린 상처마다 꽃대 밀어 올려
흔들릴 때마다 향기로 벽의 횡간을 채워
폐쇄공포증과 광장공포증을 아우르는

너는, 분명
안으로 열고 밖으로 열 줄 안다

---

*여수시 삼산면에 속하는 섬.

경도

박혜연

오늘에야 네가 보이네
나는 너에게로 가기 위해 몸에 걸친 옷을 하나하나 벗네
외투를 벗고 치마를 벗고 브래지어를 벗고
아주 오래전부터 비가 오는 날이면 알몸이고 싶었지
알몸으로 너의 나라로 달려가고 싶었지
감춰둔 나의 살들이 빗속에서 오소소 너에게 소름을 돋우네
숨구멍마다 너의 노래가, 너의 말이 뜨겁게 파고들어
너의 나라에 그리움으로 퍼지네
나는 파도 위에 내리꽂히는 화살비가 되어
너의 나라에서 사는 것들을 뜨거운 내 몸속에 침투시키네
풀숲에 숨은 하늘수박을 방파제 꽃게를 담장 위 능소화를
내 속에 밀어 넣고 고래 폐 속 깊숙이 걸어 들어가네
아, 깊고 푸른 너의 뱃속 갯내음 가득한 그곳에서
나는 너에게서 받아온 하늘수박을 꽃게를 능소화를
흐드러지게 풀어놓네
바람의 노랫소리와 비의 속삭임을 들으며
우리는 알몸으로 그리운 나라를 달리네
거칠 것 하나 없는 투명한 날이네, 이제야 보이네

숨 쉴 때마다
수면 위로 솟아오르는 너의 푸른 입김, 나의 고래여

고래는 어디로 갔나

이생용

소경도小鏡島*에 간다

육자배기 가락에 젖어
허름한 주막집 구석에서 뒹굴거나
널브러진 고기 상자의 고임목으로나 쓰일
녹슨 작살이라도 꺼내 들어
포경선에 오르기 전
포구의 선술집에서
허기진 뱃속에
붕장어 한 접시로 기름칠도 하고
막걸리 한 사발쯤 마셔두자

푸른 멸치떼도 숨을 죽이는
소낙비 내리는 날,
고래 한 마리 누워 있다

스무 살에 잡았던 내 싱싱한 고래는
어디로 갔나

쑤글쭈글하다

---

*여수 월호동에 있는 섬, 작은 고래를 닮아 소경도라 부른다.

경도* 소묘

김수자

바닷가 빈집으로 이사를 하겠어요
마당가에 모과나무 한 그루를 심고
그 아래 둘이서 나란히 앉을 수 있는
긴 나무의자 하나 들여놓겠어요
텃밭도 조그맣게 만들고
마당에는 들꽃 가득 심어
아침마다 나무의자에 앉아 그 꽃들에게
말하는 법을 전하겠어요
텃밭에 꼬물꼬물 커가는 채소들 보며
그대 향기 가득한 커피를 마셔야죠
아참, 그대만을 위한 공간
'그리움'에게도 한자리 잡아줘야겠죠
어디가 좋을까 젊은 날 훌쩍 건너뛴 자리,
오래 비워둔 마음속이어도 좋겠군요
누군들 찾아오면
파도 소리 깃든 경도 한 잔쯤
따숩게 건네주어야 하겠지요

---

*여수 앞바다에 있는 고래를 닮은 작은 섬.

석류나무 사원

우동식

돌산도 끝닿는 곳으로 눈길을 풀어놓으면
은적암*을 가리키는 이정표가 보인다
얼핏 둘러봐도 깊은 골짜기 은둔한 암자일 거라는 생각이
후박나무, 동백나무, 팽나무 울울창창한 숲으로 번진다
밖에서는 안이 보이지 않지만
안에서는 밖이 다 드러나 보이는 뜰 안
석류나무 한 그루,
입술 부르튼 목탁이 주렁주렁 열려
그 해탈한 웃음소리에
잎들이 쫑긋쫑긋 귀를 세운다
하안거 중인 고승의 염불 소리 알알로 맺혀
톡 톡 톡 두들기면
시큼 달콤한 경전의 말씀이 쏟아져 내릴 것 같다
사원 앞에서 동박새들이 예불을 한다
다람쥐 한 마리 나뭇가지 위에서 경배의 자세로 멈추면
풀들도 잠시 그쪽을 향하여 몸을 누인다.

---

*여수시 돌산읍 군내리에 있는 암자.

섬 가는 길

송정현

군내리항이 찰칵 문을 닫는다
동동거리는 발길로 허방을 나선다
바다의 교신은 오리무중
월호, 화태, 두라, 나발, 행간을 읽을 수 없다
안개 속에 가라앉은 섬은
수평선도 없고 바다도 없다
이런 날 금오봉을 염두에 두고
바다와 섬의 안색을 살피는 일이
분명 길일은 아니다
섬에 간다는 것은 섬의 일부가 되어
섬의 풍경 속에
하루를 오롯이 내려놓는 의미,
이때
바다와 수평선이 향일암까지
닿는다는 것은
오래전의 잔기침처럼
가볍지 않은 날에 뱉어내던 날숨처럼
생의 시간들을 다시 한 번 가늠해본다는 일이다

다만 안개처럼 확연치 않는 것에 대해서는
향일암이 일출을 향해 바라다보는
안광처럼
간절하다는 뜻이거나 굳건한 맹세일 수도
있다는 일이다

돌산 갓에 관한 사유

하병연

1
돌산 갓이 크는 동안 허공 자리에 있던 공기는
갓이 크는 만큼 옆으로 밀려나고
밀려난 만큼, 그만큼의 공기는 갓 속으로 들어가는 법
그래서 돌산 갓이 시들면 허공이 시드는 법

2
돌산 갓이 크는 동안 뿌리 자리에 있던 땅은
갓이 크는 만큼 자기 살 뚝뚝 내어주고
내어준 만큼, 그만큼의 땅은 갓 속으로 들어가는 법
그래서 돌산 갓이 푸르면 허공에서 땅이 푸르른 법

3
돌산 갓이 크는 동안 하늘 자리에 있던 달은
갓이 크는 만큼 배가 점점 불러오고
불러온 만큼, 그만큼의 달은 갓 속으로 들어가는 법
그래서 돌산 갓을 씹으면 보름달 맛이 나는 법

울음꽃

최향란

　오동도, 도둑을 피해 절벽에 몸 날린 어부의 아내가 동백꽃으로 돌아와 깜깜한 밤 작은 섬 밝히고 있다

　빈집에 홀로 남을 지아비 생각에 죽어서도 죽지 못하고 붉은 등불 꽃 되었다

　텅 빈 집, 텅 빈 섬, 텅 빈 바다, 몰래 그리운 사람 가까스로 밀려와 부서지는 저 빨간 울음꽃

　넘어져도 일어서지 않고 그냥 그대로 누워 있다. 절망도 지칠 때가 있나보다

오동도

임호상

가시내, 쑥스러운가

가슴팍 몽우리로 엎드려
겨우내 있더니
이제사 동백꽃으로 피고 있네

붉은 그리움
툭, 툭, 피멍 지네

바다 꽃섬, 그녀

황영선

붉은 그녀의 숲에 들었네
바람이 살랑대며 그녀 입술을 탐하네
푸른 누군가의 사랑을 부르다
더욱 붉어진 그녀
풍덩 바다의 품에 드네
한겨울 싱싱한 그녀가
힘센 바다의 심장을 물들이네
그 속에 들고파
젖은 속 활짝 열어
한 잎 두 잎 그녀를 베어 무네
온통 붉은 오동도
수줍게 앞가슴 풀어
피어나네 피어나네

오동도 등대

우동식

시누대 푸른 잎들이 어둠 쪽으로 서걱이기 시작하면
그리운 쪽을 향하여 편지지를 꺼내드는 그 사내
숨죽인 창백한 얼굴
파도에 부대끼고 풍랑에 허물어져도
한사코 해식애海蝕崖를 지키며 서 있다
하늘과 바다의 경계가 허물어져
분간치 못할 세상의 시간이면
스스로 빛이 되어 길을 여는 그 사람
어둠이 싫어도 어둠과 마주하고
보이지 않아도 보이지 않는 그곳을 응시한다
교대 없는 불침번, 차가운 서치라이트로
사각지점 구석구석 돌고 돌아 한순간도 깨어 있지 않고는
긴장을 내려놓을 수 없는 팽팽한 밤
이윽고 사선에서 허우적거리는 고깃배 한 척을 향하여
생명의 주파수 맞추어 준다
오동도는 하나의 거대한 집어등
돌아오지 않은 아리따운 여인을 위해
동백꽃 등도 점점이 타오르며 불을 밝힌다.

동백꽃

박해미

아직도 그리움을 다 벗지 못한 부끄러움이
바다를 가로질러 심장으로 꽂혀 있는 섬입니다

이 도서의 국립중앙도서관 출판시도서목록(CIP)은 서지정보유통지원시스템 홈페이지(http://seoji.nl.go.kr)와 국가자료공동목록시스템(http://www.nl.go.kr/kolisnet)에서 이용하실 수 있습니다.(CIP제어번호: CIP2016027251)

여수, 섬에 물들다
ⓒ 갈무리문학회

초판 1쇄 인쇄 2016년 11월 18일
초판 1쇄 발행 2016년 11월 25일

지은이   갈무리문학회
펴낸이   고영
책임편집 류미야
디자인   헤이존
펴낸곳   문학의전당
출판등록 제311-2012-000043호
주소   서울시 은평구 연서로11길 7-5 401호
전화   02-852-1977 팩스 02-852-1978
전자우편 sbpoem@naver.com

ISBN 979-11-5896-289-0 03810

*이 책의 판권은 지은이와 문학의전당에 있습니다.
*양측의 서면 동의 없는 무단 전재 및 복제를 금합니다.
*잘못 만들어진 책은 바꿔드립니다.
*이 시집은 여수시에서 발간비 일부를 지원받아 제작되었습니다.